NOTICE

SUR

SOEUR MARTHE

PAR

A. GAUTHIER

AVOCAT

BESANÇON

IMPRIMERIE ET LITHOGRAPHIE DE PAUL JACQUIN

Grande-Rue, 14

1889

NOTICE

SUR

SOEUR ·MARTHE

PAR

A. GAUTHIER

AVOCAT

BESANÇON

IMPRIMERIE ET LITHOGRAPHIE DE PAUL JACQUIN
Grande-Rue, 14

1889

NOTICE

SUR

SŒUR MARTHE

Si la guerre est le plus redoutable des fléaux, elle met du moins en relief deux vertus maîtresses de l'humanité, le courage sur les champs de bataille et le dévouement dans le secours aux blessés. Nos désastres de 1870, et plus encore les présages d'une lutte prochaine et plus meurtrière, ont donné un grand élan à la création de sociétés qui, dès maintenant, préparent tous les moyens d'action les plus ingénieux pour seconder nos ambulances militaires. Au nombre de ces sociétés se trouve le comité de l'Union des femmes de France, dont le siège est à Paris et les sections fonctionnent dans tous les départements.

La ville frontière de Besançon, qui tant de fois a été le théâtre de ces scènes tragiques, a entendu les cris des blessés, les plaintes des mourants et déploré le dénuement de tant de braves gens soldats ou prisonniers, s'est montrée à cette occasion vraiment patriote : elle n'a rien épargné pour être prête à l'heure du combat.

Tout récemment son comité de l'Union appelait le docteur Boulommier, de Paris, l'un des promoteurs de cette association, pour instruire ses membres sur les meilleurs modes du transport des blessés. Une inspiration subite du conférencier lui fit, dans son discours, prononcer le nom de sœur Marthe. Il s'étonna que notre cité n'eût gardé que dans ses traditions le souvenir de cette héroïne de la charité, et qu'un monument n'eût pas été élevé à sa mémoire, soit dans son lieu de naissance, soit dans la maison où elle est morte. C'est sous son patronage que la section bisontine devrait placer son association, en faisant inscrire sur la pierre ou sur le bronze les noms de la première *ambulancière* de France.

Telle fut l'origine de la souscription aujourd'hui ouverte, et telle est l'occasion de retracer en traits rapides la vie de sœur Marthe, cette gloire si simple et si pure de Franche-Comté.

Sur les bords du Doubs, et dans un de ses sites les plus pittoresques, est situé le petit village de Thoraise ; tout son territoire est baigné par la rivière qui trace autour de lui un vaste circuit de Montferrand à Torpes ; la percée du canal le détacherait entièrement de la terre ferme, si ses habitants n'avaient accès par le promontoire sous lequel les eaux s'ouvrent passage. Rien de plus varié que la vue dont on jouit de cet endroit, soit qu'on promène ses regards sur la verrerie de Montferrand ou sur les ruines fantastiques de son castel moyen âge, soit qu'on les porte sur la façade grandiose et les terrasses du château moderne de Torpes ou sur les vastes constructions de la papeterie, à demi noyées dans la fumée de l'usine ou la brume de la vallée. A l'est, le sol se relève brusquement en hauteurs boisées, au sommet desquelles apparaît, à travers le feuillage, la blanche silhouette de la chapelle vénérée de Notre-Dame du Mont. C'est le but depuis plus d'un siècle d'un pieux pèlerinage.

Thoraise a longtemps gardé ses mœurs antiques et cette mâle énergie dans le travail, dans la sobriété, dans la rusticité d'une vie toutefois cordiale, au pied de son manoir, à l'ombre de son église, auprès du cimetière enclos dans son enceinte, en un mot, au milieu de ses souvenirs, de ses croyances et de ses affections.

C'est dans une maison de ce village qu'est née Anne Biget, le 27 octobre 1749. Elle passa les vingt premières années de sa vie occupée aux pénibles travaux de la campagne. Son père la traitait durement, comme il se traitait lui-même, et on pourrait citer à l'appui telle circonstance qui détermina peut-être la vocation de sœur Marthe, tant une réprimande contre un sentiment de cœur bien naturel fut violente et imméritée. Tout présageait en elle ses destinées, et chacun raconte encore cette anecdote touchante : Anne Biget, à l'âge de huit ans, venait à la ville porter à ses frères les gâteaux de la fête, quand elle rencontra sur le pont de Battant un convoi de prisonniers enchaînés. Elle est tellement émue à ce spectacle, qu'elle se jette au milieu d'eux et leur distribue ses friandises jusqu'au moindre morceau. M. de Jouy, l'auteur de l'*Ermite en province,* fait ce récit dans son ouvrage. Il n'était du reste pas un accident, une tristesse, un malheur, auxquels Anne Biget ne prît sa part ; elle se prodiguait aux siens comme à tous dans ce village, tellement uni alors qu'il ne composait qu'une même famille.

Vers 1770, elle entrait au couvent de la Visitation, comme sœur tourière, laissant à sa sœur le soin de veiller sur la vieillesse de son père. Cette fonction la disposait à merveille à la mission qui lui fut plus tard départie : à ce moment, les ordres religieux étaient les seuls dispensateurs des aumônes publiques : ils avaient chacun leur clientèle, et les distributions de vivres se faisaient régulièrement à la porte de cette maison de la Visitation, située dans un quartier besogneux. C'était sœur Marthe qui recueillait les dons, visitait les pauvres et les malades et présidait à tous actes de bienfaisance ; aussi, quand la tourmente révolutionnaire dispersa religieux et religieuses, sœur Marthe était prête à accomplir sa tâche. Elle avait quarante ans, une santé robuste ; elle était rompue à toutes les fatigues ; mais elle avait surtout une foi et une charité ardentes.

Jamais plus belle moisson ne s'était offerte à un ouvrier plus laborieux. Aux grandes époques de transformation sociale, il semble que l'humanité se refonde comme ces métaux enflammés qu'on coule dans le creuset ou qu'on façonne sous le marteau : tout est révolte, tout est confusion : la vie de l'homme n'a plus de prix : c'est l'échafaud, c'est la guerre, les fléaux de toutes sortes se déchaînent, la terreur et la misère règnent partout.

Besançon vit sans doute alors passer dans ses murs ces bataillons enthousiastes de volontaires, à peine équipés, courant à la frontière pour être tantôt refoulés, tantôt victorieux ; mais la ville assista dans ses rues à ces longs défilés de villageois fuyant l'invasion, de blessés surchargeant les chariots d'ambulance, de soldats en haillons mourant de froid et de faim.

Le grain de la charité semé au cœur d'Anne Biget avait levé et grandi dans sœur Marthe. La femme donna ce qu'avait promis l'enfant. Sans regarder en arrière, oubliant qu'elle n'avait plus ni son asile ni ses compagnes d'autrefois, elle se met à l'œuvre, ou plutôt continue seule ce qu'elle n'avait cessé de faire auparavant. Et c'est ici qu'ap-

paraît cette modeste et grande figure d'une fille des champs
qui, face à l'orage, va tenter de secourir par milliers les vic-
times arrachées à la tempête. Son portrait, œuvre de mérite,
peint par l'un de ses neveux, trace bien les traits de notre
héroïne ; c'est bien là, sous la coiffe noire et blanche de
paysanne encadrant le visage de ses replis de dentelles, cette
physionomie douce et sereine, respirant la franchise et la
bonté avec la fermeté d'une âme qui sent sa force : le re-
gard est tout à la fois énergique et bienveillant : l'ensemble
trahit l'amour du bien et la volonté de l'accomplir.

Narrer en détail les actes de sœur Marthe durant les
trente-quatre années de sa vie passées au service des malheureux serait impossible. Le dévouement sans phrases,
tout d'initiative, de soins, de veilles et de fatigues, ne
se prête pas à de pompeux récits : on a essayé à tort, dans
plusieurs ouvrages, de donner à la pieuse et modeste
mission de notre héroïne un éclat qui n'était nulle-
ment conforme à son caractère. Tout était simplicité dans
ses inspirations : tendre la main, préparer la nourriture,
recueillir des dons de toute nature, en vin, denrées,
vêtements, linges, pansements et remèdes, distribuer chez
elle, sur les places publiques, dans les prisons, dans les
hospices et dans les campements, tout ce que sa prévoyance
avait amassé, et cela le jour, la nuit, à toute heure, tel fut le
constant souci de sœur Marthe. Lui signalait-on l'arrivée
d'un convoi de blessés, l'approche d'une troupe de prisonniers, elle se portait en avant avec toutes les ressources
dont elle pouvait disposer, et que mettait à sa disposition
l'autorité civile ou militaire ; car l'ascendant qu'elle exerçait
par sa charité inépuisable était si grand, qu'elle fut offi-
ciellement attachée soit au bureau de bienfaisance de la

ville, soit au conseil de surveillance des hôpitaux, par le préfet Jean Debry en 1811, et par l'adjoint au maire Sainte-Agathe en 1813, soit à l'inspection des prisons par le commissaire ordonnateur de la 6ᵉ division Lyautey, qui *l'invitait, au nom de l'humanité, à visiter particulièrement chaque jour la maison d'arrêt de Chamars.*

Des documents administratifs du 1ᵉʳ nivôse an X, signés du général de division Ménard, témoignent, dans le fait suivant, de la reconnaissance et de l'admiration qu'elle excitait autour d'elle.

L'hospice militaire, établi dans l'ancien couvent de la Visitation, fut supprimé à cette date, et les malades transférés à l'hospice Saint-Jacques. Ce n'était pas l'affaire des blessés ou fiévreux journellement soignés par sœur Marthe : ils se réunirent un certain nombre pour présenter requête au général, à l'effet d'emmener avec eux leur gardienne habituelle, dans cette lettre naïve : *Nous vous prions en grâce, général, de nous conserver sœur Marthe, comme vous avez toujours eu tant de bontés pour nous et* (sic) *de nous avoir accordé la sortie et donné la satisfaction à vos enfants d'assister aux fêtes de la république ; nous l'aimons, la respectons et la regardons comme notre véritable mère : elle est bien en état de nous gouverner.*

Général et préfet s'entremirent auprès des membres de la commission administrative, en les priant *de déférer à cette demande si la citoyenne proposée réunissait les qualités nécessaires pour être admise au nombre des Hospitalières.*

Grand émoi, dit-on, dans la communauté, qui souleva des objections.

Trente signatures attestèrent à nouveau le zèle incomparable de l'ambulancière en termes des plus touchants : *Si vous l'aviez vue comme nous, citoyen Préfet, entourée de dix-sept cents malades, seule de femme, aller de salle en salle, nous rendre les services les plus rebutants : à peine dans les vingt-quatre heures nous quittait-elle pour aller prendre sa nourriture pour nous donner tous ses moments.*

Les médecins et chirurgiens les plus accrédités, parmi lesquels MM. Morel, Renaud, Chédieu, Thomassin, durent même intervenir dans le différend pour certifier *que la citoyenne Biget avait montré depuis six ans un dévouement rare à soulager les malades et les blessés des hôpitaux de la ville, en leur procurant tout ce qui était en son pouvoir, soit en linges, bandes, compresses, aliments légers; qu'elle ne les a pas distribués arbitrairement. C'est ce que j'ai vu d'elle avec reconnaissance pour les défenseurs de la patrie,* écrit l'un d'eux. Tout fut inutile, mais du moins l'histoire de cette rivalité dans la bienfaisance nous dit mieux que tout un livre ce qu'était sœur Marthe dans son dévouement.

En 1809, six cents prisonniers espagnols furent internés à Besançon ; elle pourvut presque seule, et durant tout le temps de leur captivité, aux soins que réclamait leur détresse. Quand, longtemps après, le général divisionnaire lui dit en souriant qu'elle allait être affligée du départ de ses amis, elle lui répliqua : *Tous les malheureux sont mes amis; d'autres les remplaceront.*

Dans ces temps où les rigueurs de la discipline sont sans pitié, Marthe savait même, à l'heure d'une exécution, attendrir les chefs et obtenir des grâces ; on cite à cet égard ce fait d'un officier autrichien conduit devant l'armée campée près du château du Grand-Vaire pour être fusillé, quand sœur Marthe, venue pour approvisionner ses fourneaux, court au prince de Lichtenstein, qui commandait, et le supplie à genoux de faire miséricorde. La grâce fut accordée, tant l'humble femme savait inspirer de respect même à l'ennemi.

Les tristes jours de 1813 et de 1814 la trouvèrent au poste qu'elle s'était choisi ; elle se multiplia comme auparavant, et le ministre de la guerre, comte Dupont, dans sa lettre du 21 août 1814, déclare qu'*il serait difficile de reconnaître dignement le zèle inimitable dont elle a de tout temps et dernièrement surtout donné l'exemple.*

Dans le bombardement, quand le village de Bregille fut incendié, elle obtint la faveur de sortir de la place pour porter secours aux habitants ; plus tard, en 1817, dans cette année de disette et de détresse publique, quoique septuagénaire, elle seconda la municipalité en établissant dans les divers quartiers de la ville, et notamment sur la place Saint-Pierre, des fourneaux qui lui permettaient de distribuer deux mille soupes par jour aux indigents. De telles actions lui méritèrent l'estime et la reconnaissance de ses concitoyens. Déjà, le 26 floréal an ix, la Société libre d'agriculture, commerce et arts du département lui avait décerné en séance publique une des couronnes destinées à la bienfaisance. *Votre zèle*, disait le président, M. Millot, *pour les malheureux était connu depuis longtemps dans cette commune ; tout ce que l'humanité et la bienfaisance ont pu inspirer, soins assidus, veilles prolongées, pansements ménagés avec précaution, consolations affectueuses, démarches multipliées dans les maisons de l'homme aisé afin d'intéresser sa bienveillance, secours même tirés de votre propre bourse dans les moments pressants ; vous avez tout fait, tout entrepris en faveur de nos défenseurs malades ou blessés.*

Il lui était réservé de recueillir d'autres hommages que sa modestie n'attendait certes pas.

Après la grande victoire de Zurich, remportée le 25 septembre 1799 par Masséna contre l'armée autrichienne et russe, commandée par Souvarow, une partie des prisonniers et des blessés fut dirigée sur Besançon : un officier russe, soigné à l'hôpital militaire par sœur Marthe, fut un jour emporté comme mort par les infirmiers ; consternée à cette nouvelle, sœur Marthe accourut, et persuadée que le corps conservait un reste de vie, le fit rapporter dans la salle ; grâce aux secours prodigués, le malade reprit ses sens et guérit ; il fut l'un des prisonniers que le premier consul renvoya généreusement à Paul Ier.

Devenu l'aide de camp du nouvel empereur Alexandre Ier, cet officier n'oublia pas sa bienfaitrice, et sur l'ordre de son maître, en 1815, il vint à Besançon solliciter sœur Marthe de le suivre à Paris pour être présentée au czar. Comment l'humble fille accéda-t-elle à cette demande ? Tout porte à croire qu'elle y fut entraînée dans l'intérêt de ses œuvres charitables. Le 6 septembre, le *Journal des Débats* annonçait *que sœur Marthe n'a pu échapper à la sollicitude des souverains étrangers, et qu'ils ont daigné la chercher dans sa retraite et l'honorer dans sa simplicité.*

Dans son entrevue avec l'empereur de Russie, émue et confuse, mais gardant sa sérénité d'âme et sa présence d'esprit, elle n'était préoccupée que de diminuer les éloges qu'on lui adressait : *Sire, je n'ai fait que mon devoir ; j'aurais pu faire mieux.*

Alexandre lui remit la grande médaille d'or du Mérite civil et lui assura une pension de 800 fr., qui lui fut payée jusqu'à sa mort; il autorisa même, par une lettre très bienveillante, datée de Saint-Pétersbourg du 17 février 1817, son neveu à porter après elle cette médaille transmise par son ordre, ajoutant : *Je fais des vœux pour que le souverain dispensateur des biens fasse passer dans le cœur de votre neveu cette sainte flamme de la charité qui embrase votre âme, et le rende digne de vous imiter dans la pratique de la bienfaisance et de toutes les vertus chrétiennes dont vous êtes le modèle.* Elle reçut le même accueil et les mêmes honneurs des autres souverains, et fut admise à la cour de Louis XVIII.

Sa mission remplie, elle se hâtait de rentrer dans sa chère retraite de la rue Neuve, actuellement rue Charles Nodier, 4, maison de M. Maurice, où elle mourait le 29 mars 1824.

Les *Débats* du 7 avril relataient ainsi cet événement : « La sœur Marthe Biget est décédée à Besançon, âgée de soixante-quinze ans. Il n'est personne en Europe qui n'ait entendu parler de son constant dévouement pour venir au secours des prisonniers, des malades et des blessés de toutes les nations ; le bien qu'elle a fait est gravé par la main de la reconnaissance dans le cœur des milliers d'infortunés arrachés par elle à la douleur et à la mort. »

Ainsi vécut et mourut sœur Marthe : il est juste qu'à Thoraise et à Besançon un monument rappelle son nom et perpétue sa mémoire bénie.

BESANÇON. — IMP. DE PAUL JACQUIN.